Sex Pistols

La Novela GRáFICA DEL ROCK

Redbook

MA
NON
TROPPO

© 2008, 2012 Music Sales Limited t/a Omnibus Press:
14—15 Berners Street
London, W1T 3LJ
La traducción de esta edición ha sido acordada con el consentimiento de Omnibus Press
a través de Robert Lecker Agency.
www.omnibuspress.com

Primera edición publicada por Omnibus Press en 2008.
Edición revisada por Omnibus Press en 2012.

Texto de Jim McCarthy
Ilustraciones de Steve Parkhouse

© Redbook ediciones, 2019.

Compaginación de cubierta: Regina Richling
Traducción: Pedro González del Campo
Maquetación: Editor Service S. L.

ISBN: 978-84-949285-7-4
Depósito legal: B-171-2019

Impreso por Sagrafic, Pasaje Carsi 6, 08025 Barcelona
Impreso en España - Printed in Spain

SEX Pistols

INTRODUCCIÓN
Mark Paytress

Allá por el final de la era victoriana dos golfillos coparon las portadas de *El gran presupuesto,* un efímero tebeo infantil de título poco impactante. Los golfillos eran Airy Alf y Bouncing Billy, creaciones de la leyenda del cómic Tom Browne. Con un argumento poco moderno, aunque todavía sorprendente, Browne les permitió coquetear con el desorden social. Mugrientos, sin un penique y sin hogar, decidieron hacerse anarquistas.

—Conciudadanos —arengó Billy a la multitud congregada en un subterráneo—. Los ricos nos pisotean como a gusanos. Les devolveremos los golpes con bombas ocultas y cuchillos ensangrentados.

—Sí, sí —gritó la multitud enfervorizada—. No obstante, la revolución de Alf y Billy llegó a su fin allí mismo. La reunión fue disuelta por la pasma y la pareja acabó enchironada.

Setenta años después, el formato del cómic sigue en alza, aunque ahora los antihéroes acababan pateados por tirar de la coleta a las chicas o por chinchar a los profesores. Lecturas obligadas de la revista *The Dandy* fueron las travesuras de Bully Beef & Chips, y las del "chupado de cara" Desperado Dan. Por su parte, en la exitosa revista rival *The Beano,* fue el descarado Dennis the Menace, con su melena en punta, quien acosaba sin parar a los más débiles e inevitablemente acababa recibiendo una buena azotaina. Los mejores fueron The Bash Street Kids. Merecedores de una doble página en la revista, los nueve traviesos eran capitaneados por un personaje que había hecho de la fealdad una virtud y con un ingenio endiablado. Se trataba de Plug, cuyo labio superior sobresaliente, dientes podridos y presencia dominante le otorgaron el genuino estatus de antihéroe en los recreos de todo el país.

El rock'n'roll necesitaba desesperadamente su propio Plug, ya que, allá por 1976, ya no le quedaban antihéroes. Una generación de Lord Snootys, de músicos virtuosos de formación clásica, aburría hasta morir a los estudiantes fumados en las salas de aforo sentado, tocando piezas épicas sobre níveas ocas, viajes espaciales o historias del Medievo. "Creía que los músicos venían de otro planeta", comentaría muchos años después Steve Jones, guitarrista de los Sex Pistols.

Con la ventaja que supone echar la vista atrás, parece evidente que un cuarteto de delincuentes empeñados en hacer estragos y con despreocupación apenas ensayada era la necesaria panacea. Sin embargo, tan profundo fue el proceso de osificación que había reducido la cultura del rock a una lloriqueante sombra de su antiguo ser, que los Pistols se vieron obligados a forzar su entrada en el magnífico Salón de la Indecencia del rock'n'roll. Eso significó, semana tras semana, adoptar una serie de estratagemas y tretas durante el predecible corto tiempo de vida de la banda. Y, como sucede con las mejores tiras cómicas, su audiencia —seguidores y detractores por igual— esperaba impaciente la siguiente entrega.

Antihéroes agitadores de la anarquía. El rock, pop, o lo que fuese en lo que se hubiera convertido en 1976, no había presenciado semejante terremoto en años, tal vez desde el nacimiento del rock'n'roll. En vista de lo cual, los Sex Pistols se limitaron a exhumar una vieja tradición: tosco material de la cara B de antiguos sencillos de grupos *beat,* tocado con suficiente aptitud como para que sus defectos técnicos pasaran desapercibidos. Era una fórmula sencilla y, sin embargo, pronto desencadenó lo que muchos consideraron el asalto más radical a los cimientos de la nación desde que la última bomba volante impactase contra suelo británico en la primavera de 1945.

Llegó el punk y, por supuesto, fue un fenómeno plenamente británico. A medida que las calles se llenaron de petimetres afligidos y provocadores flemáticos —claramente identificables por su corte de pelo, atuendo desastrado y pequeñas automutilaciones— fueron legión los comentaristas que vocearon la llegada de la "generación de la Naranja Mecánica". No obstante, si escuchas la conversación entre los Pistols y Bill Grundy, presentador del show televisivo *Today,* está claro que sobre todo son hijos de los Ball's Pond Banditti, una banda de delincuentes juveniles de la época victoriana con nombres como Ticko Scubbins y Piggy Waffles, que mantuvo entretenidos a los lectores de la revista *Larks* a principios del siglo xx.

—Serás asqueroso —soltó un impasible Jones cuando el presentador le tiró los tejos en broma a una chica del séquito de la banda—. ¡Viejo verde!

Metido en su papel, que pronto le costaría el puesto, Grundy no esperó a ver qué ocurriría a continuación:

—Continúa, continúa —le provocó—. Te quedan cinco segundos. Suelta algo escandaloso.

—¡Serás cabrón! ¡Hijoputa, jodido canalla! —dijo Jones.

¿Canalla? Esa palabra tenía tanto que ver con el rock'n'roll como la voz "foxtrot". Pero, ¿no estaba esta "pesadilla de la cultura británica" liderada por un cantante llamado Johnny *Rotten*? ¿Alguien cuyo amigo Sid *Vicious*, tal vez inspirado por un personaje de Bash Street, por el pelopincho Sidney, vagabundeaba por las calles de Londres Norte con una pesada cadena en el bolsillo? ¿Alguien que se burlaba del aspecto judío y pelirrojo del mánager del grupo, Malcolm McLaren, lo que le valió un papel estelar en la banda?

Como la centralita de la cadena de televisión se vio rápidamente saturada de llamadas de furiosos televidentes, la primera reacción de McLaren fue envasar el formato. Fue demasiado, incluso para este revolucionario de salón que en 1969 había escrito el que

sería el manifiesto virtual del punk ("Sé infantil, sé irresponsable, sé irrespetuoso, sé todo lo que odia esta sociedad"). A diferencia de su invisible mentor Tony Secunda una década atrás, cuya gerencia de los chicos malos de The Move había flaqueado estrepitosamente tras un carísimo roce con el gobierno de su Majestad, McLaren consiguió mantener el tipo. Durante los siguientes doce meses, maquinó una serie de episodios estúpidos, chocantes y a veces de manifiesta insurrección que incluso Airy Alf y Bouncing Billy habrían secundado.

Todos los titulares de los periódicos —Escoria del Rock, Groseros y Bocazas, Basura Punk, ¡Podridos y Orgullosos de Estarlo!— colaboraron con la causa de la banda. Y, al igual que las caricaturas de Hogarth habían iluminado las peligrosas calles del Londres de la era georgiana, también lo hicieron aparentemente sus herederos. El verano siguiente todo el país estaba dividido en ricos y pobres, partido por la mitad como la página de un cómic. Irónicamente, la salida al mercado en mayo de 1977 de "God Save The Queen", el mejor momento musical y cultural de la banda, marcó el principio del fin. Los miembros del grupo fueron acosados y atacados por las calles, y los Sex Pistols tuvieron que huir del país por su propia seguridad. Y la cosa fue a peor. Detenidos por asuntos de drogas, enjuiciados por invocar esos tan anglosajones "Bollocks" (cojones) en el título de su esperadísimo álbum, y cada vez más en guerra consigo mismos, la banda simplemente se disolvió, justo cuando el movimiento que habían inspirado daba origen a una nueva ola de espantajos con guitarras.

Gracias a las vívidas ilustraciones de Steve Parkhouse, y al inteligente guión de Jim McCarthy, que rescribió el rock'n'roll y mucho más, la historia de los Pistols vuelve al reñido mundo de las tiras cómicas de las que surgió gran parte de su inspiración inicial. Y no lo olvidemos: nadie habría disfrutado de este libro más que la víctima real del cuento, Sid Vicious, que devoró cómics casi tanto como tiempo dedicó a su obra destructiva.

—Se reía de todo —recordaría su amigo Rotten años más tarde—. Un genio en ese aspecto.

Mark Paytress es autor de Vicious: The Art Of Dying (*Sanctuary Books*).
Ha escrito sobre música pop en muchas publicaciones, como MOJO *y* Select.

JODER, LA ÚNICA JODIDA CANCIÓN DE LA GRAMOLA QUE PUEDO CANTAR ES "EIGHTEEN" DE ALICE COOPER.

"SOLO QUIERO UNA HISTOOORIA..."

I'M EIGHTEENA AND I DON'T KNOW WHATTI' WANT!!

I'M EIGHTEEN AN' I WANNA GET OUTTA HERE...!

CREO QUE YA LO TENEMOS.

MENUDO GILIPOLLAS TOCACOJONES. NO QUIERO TRABAJAR CON ÉL.

EL M15 SIGUIÓ LA PISTA TANTO A LOS PISTOLS COMO A THE MOVE, Y AUN HOY EN DÍA SIGUEN CONSTANDO EN SUS ARCHIVOS.

SOY DAVID SHAYER. SÍ, CUANDO ESTUVE EN EL M15 SE ABRIÓ UN EXPEDIENTE A LOS SEX PISTOLS.

UN VATICINIO DE LOS FUTUROS PROBLEMAS DE LOS PISTOLS: EL PRIMER MINISTRO HAROLD WILSON LLEGÓ A PONER UNA DEMANDA A THE MOVE.

THE MOVE SUED FOR LIBEL BY PM

Ziggy Stardust FAREWELL TOUR

DURANTE EL PERÍODO PREVIO A LA REVOLUCIÓN "NEW WAVE", STEVE JONES SE LAS ARREGLÓ BIEN PARA "LEVANTAR" EL EQUIPO NECESARIO.

LOS GRANDES Y LOS BUENOS PODÍAN CONTRIBUIR...

ZZZZZZZZ

...A OTRA REVOLUCIÓN MUSICAL EN CURSO...

...ROBA A LOS RICOS PARA DÁRSELO A LOS PISTOLS...

PARA COOK Y JONES LLEGA EL MOMENTO DE DARSE EL PIRO.

ANTES QUE LOS PISTOLS, FUIMOS THE STRAND Y SOLÍAMOS ENSAYAR CON WALLY NIGHTINGALE.

PARTIMOS DE NUESTROS FAVORITOS, ROXY MUSIC, Y DE DOS BONITOS TEMAS DE LES PAUL, DEL VIEJO RODNEY STEWART.

HICIMOS BUEN USO DE NUESTRAS GANANCIAS ILÍCITAS.

POR SUPUESTO, TAMBIÉN TOMAMOS PRESTADO EL TELEVISOR DE KEITH RICHARDS.

PARA CREAR LA BANDA.

Y, POR SUPUESTO, ME METÍ EN FOLLONES DE TODO TIPO.

TENÍAMOS SUFICIENTE EQUIPO PARA EMPEZAR.

WALLY, TOQUEMOS SHA-LA-LA-LA-LEE.

...TODO HA TERMINADO...

LOS MUY JOPUTAS NOS HAN CORTADO LA CORRIENTE.

...POR AHORA.

¡VENID AQUÍ, PRINGAOS!

¡YA VALE, GILIPOLLAS!

¡VAMOS, CABRONAZOS!

DE NUEVO EN LONDRES, JOHN RITCHIE SE IBA A CONVERTIR EN EL SID QUE TODOS CONOCEMOS Y ¿AMAMOS?

HOLA, CHICO. SOY EL VIEJO TÍO JOHNEE, HOLA, HOLA.

VICIOUS, YOU HIT ME WITH A FLOWER.

¡AUU! ¡ANIMALITO DE MIERDA! ¡CABRONAZO VICIOSO!

HIT ME EVEREE HOUR.

¡ESO ES! AHORA ERES SID VICIOUS. ESE ES TU NUEVO NOMBRE.

SID HIZO DEL INSULTO ALGO FUNCIONAL...

¡NO SOY SOLO ESO!

SID, PROBABLEMENTE EN SU MEJOR ACTO CREATIVO, INVENTÓ EL "POGO".

AL POCO TIEMPO SID ADOPTARÍA UN LOOK PUNK A LO FRANKENSTEIN, SALIDO DE SU PROPIA COSECHA Y DE LA DE OTROS.

SEX PISTOLS BANNED FROM ALMOST EVERYWHERE

EL INCIDENTE CON NICK KENT Y UN VASO DE CERVEZA QUE SALIÓ VOLANDO EN OTRO BOLO CELEBRADO EN EL 100 CLUB, SUPUSO A LOS PISTOLS LA PROHIBICIÓN DE TOCAR EN THE MARQUEE, EN DINGWALLS, EN THE NASHVILLE Y EN EL 100 CLUB.

¿Y QUÉ TAL VOSOTRAS?

ESTE GACHÓ ES COMO TU PADRE, ¿A QUE SÍ? O COMO TU ABUELO.

SIEMPRE HE QUERIDO CONOCERTE.

SI QUIERES, NOS VEMOS LUEGO, ¿VALE?

SERÁS ASQUEROSO. ¡VIEJO VERDE!

CONTINÚA, CONTINÚA. TE QUEDAN CINCO SEGUNDOS. SUELTA ALGO ESCANDALOSO.

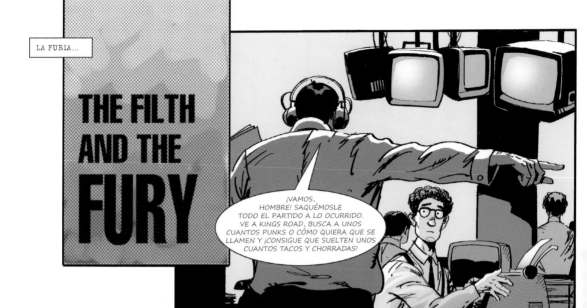

LA FURIA...

THE FILTH AND THE FURY

¡VAMOS, HOMBRE! SAQUÉMOSLE TODO EL PARTIDO A LO OCURRIDO. VE A KINGS ROAD, BUSCA A UNOS CUANTOS PUNKS O CÓMO QUIERA QUE SE LLAMEN Y ¡CONSIGUE QUE SUELTEN UNOS CUANTOS TACOS Y CHORRADAS!

... Y LA MUGRE.
EL CAMIONERO JAMES HOLMES SE CARGA EL TELEVISOR DE UNA PATADA. ESTUPENDO, JAMES, ESO TE COSTARÁ 380 LIBRAS...

¡NIÑATOS DE MIERDA, METER TODAS ESAS JODIDAS OBSCENIDADES EN EL HOGAR DE LA GENTE! ¡VOY A DEMANDAR AL CANAL DE TELEVISIÓN! ¿ES POR ESTO QUE NO PAGO UNA LICENCIA DE TELEVISIÓN? ¡NO ME JODAS!

I'M A LAZY SLAG

Y UN RÉCORD MÁS: LA MAYOR OLA DE CALOR REGISTRADA HASTA EL MOMENTO AZOTA INGLATERRA.

(No se había visto nada igual desde que se empezaron a llevar registros. El 3 de julio de 1976, las temperaturas alcanzaron 35,9 °C en el hipódromo de Cheltenham.)

¡VAYA! ¡¡MENUDO CALOR!!

EL "YONQUI JOHNNY Y SUS COLEGAS HEARTBREAKERS", ASÍ COMO THE DAMNED SE UNEN AL CIRCO DE TRES PISTAS.

I'M LIVIN' ON A CHINESE ROCK, ALL MY BEST THINGS ARE IN HOCK...

LA GIRA DE LA ANARQUÍA EMPIEZA EN SERIO Y CON TODA SU IMPORTANCIA.

NOWHERE

SE HABÍAN CANCELADO TRECE DE LOS DIECINUEVE BOLOS. CUANDO LA GIRA LLEGÓ A CAERPHILLY, GALES, LA CIUDAD ESTABA CERRADA A CAL Y CANTO.

LA NOTORIEDAD YA ERA BASTANTE MALA, PERO TAMBIÉN ATRAJO A UN PARÁSITO QUE TENDRÍA UN EFECTO TOTALMENTE DESTRUCTIVO SOBRE LA SAGA DE LOS PISTOLS.

HEY, JOHNEE, ¿QUÉ PASA? ¿PILLAREMOS DROGA MÁS TARDE?

NADA DE ANARQUÍA AQUÍ...

...SINO ORACIONES POR NOSOTROS.

ADELANTE, SOLDADOS DE CRISTO, MARCHEMOS A LA GUERRA...

APPEARING TONIGHT The SEX PISTOLS

APPEARING TONIGHT

NADA DE REZOS, PERO SÍ MUCHA GENTE VOCIFERANDO (¿PIDIENDO NUESTRA CABEZA?) EN EL CIRCO ELÉCTRICO: UNA RECONVERTIDA SALA DE BINGO DE MANCHESTER; UNO DE LOS POCOS LOCALES QUE PERMITIRÁ ACTUAR A LOS SEX PISTOLS.

LOS TRES VUELVEN A SER CUATRO Y SIDNEY SE CONVIERTE EN LA NUEVA CARA DE LOS PISTOLS.

SID Y JOHNNY HALLARON NUEVO ALOJAMIENTO...

PESE A ESTAR SIEMPRE A REVENTAR... SIEMPRE ENCONTRARÁS UNA HABITACIÓN...

DONDE AMANTES DE CORAZÓN ALOCADO PUEDAN DROGARSE Y SELLAR SU DESTINO.

UNA SEMANA DESPUÉS: OTRAS 75.000 LIBRAS MÁS RICOS (125.000 LIBRAS EN TOTAL CON EL DINERO DE EMI) Y LAS PUERTAS CERRADAS DE TODAS LAS COMPAÑÍAS DISCOGRÁFICAS, MENOS UNA...

JODER, ME PARECE QUE TENDREMOS QUE FIRMAR CON BRANSON, ESE CAPULLO DE VIRGIN. QUIEREN FIRMAR EL CONTRATO ANTES DEL 12 DE MAYO. A PARTE DE ELLOS, NADIE NOS QUIERE NI EN PINTURA.

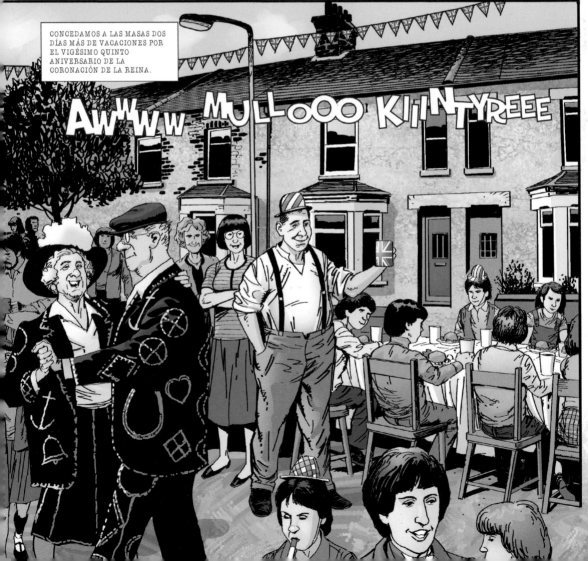

CONCEDAMOS A LAS MASAS DOS DÍAS MÁS DE VACACIONES POR EL VIGÉSIMO QUINTO ANIVERSARIO DE LA CORONACIÓN DE LA REINA.

AWWWW MULLOOO KIINTYREEE

¡LOS PISTOLS TAMBIÉN TIENEN EN MENTE UNA CELEBRACIÓN! COINCIDIENDO CON EL ANIVERSARIO DE LA CORONACIÓN DE LA REINA, SALE AL MERCADO EL SEGUNDO Y MÁS SUBVERSIVO DE SUS SINGLES: "GOD SAVE THE QUEEN"

¿ALGUNA VEZ OS HABÉIS SENTIDO ATRAPADOS?

EN LAS FANGOSAS AGUAS DEL TÁMESIS, SE PRODUCE UNA CONTRACELEBRACIÓN.

NOOOOO FUTURE, NO FUTURE FOR YOU.

QUEEN ELIZABETH WELCOMES THE SEX PISTOLS

...POR SU MAJESTAD...

MADE YOU A MORON... THERE IS NO FUTURE IN ENGLAND'S DREAMING...

GOD SAVE THE QUEEN!!

WE MEAN IT, MAAAAANN!!

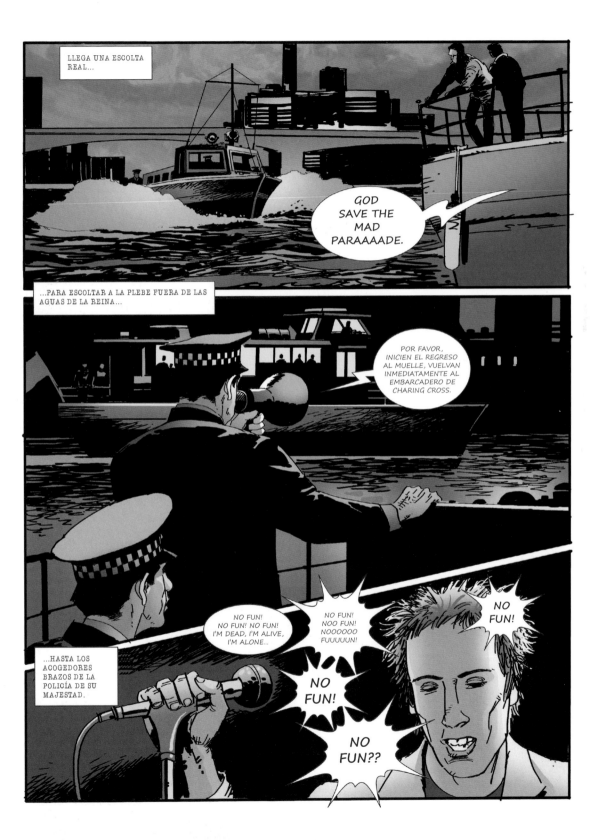

POLIS DE LA CORONA...

JODER, QUITADME LAS PUTAS MANOS DE ENCIMA, MAJADEROS.

EN LA CIUDAD DE LONDRES...

¡¡¡CABRONES, HIJOS DE PUTA FASCISTAS!!!

...LOS DETIENEN...

¡¡¡CABRONES, AAHHH, BASTARDOS!!!

...Y LES CORTAN LA CABEZA...

ON HER MAJESTY'S PLEASURE

LA PARANOIA ESTÁ EN SAZÓN. UNA SUBIDA METEÓRICA Y LUEGO UNA LENTA CAÍDA. ROTTEN Y EL PRODUCTOR DE LOS PISTOLS, CHRIS THOMAS, COMIENZAN A SUFRIR EL ANIVERSARIO EN SUS PROPIAS CARNES.

NO ME GUSTA NADA...

...JODER, ESTOS TÍOS TIENEN PINTA DE QUERER MATARNOS, CHRIS...

SALGAMOS CAGANDO LECHES.

¡VOLVAMOS AL ESTUDIO!

ES UN MUNDO SALVAJE LLENO DE PATRIOTAS DE NUEVO CUÑO...

¡¡QUEREMOS A NUESTRA REINA, MAMONES!!

...QUE QUIEREN DEMOSTRAR SU TALENTO CON...

¡PROBAD ESTO, CABRONES!

...CUCHILLOS DE SHEFFIELD Y HASTA CON...

¡OOOHHH, MIERDA!

...HOJAS MUCHO MÁS GRANDES...

CHRIS, NOS LAS PIRAMOS ¡¡YA!!

LAS RUEDAS Y ENGRANAJES NO SE DETIENEN NUNCA... HASTA CUANDO ACTÚAN DE INCÓGNITO...

...MÁS PRODUCTO QUE VENDER...

WE'RE SO PREETTTY, WE'RE SO PREEETTTYY...

Y MUCHOS DISCOS QUE VENDER...

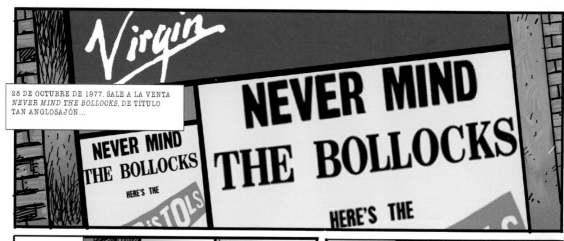

28 DE OCTUBRE DE 1977. SALE A LA VENTA *NEVER MIND THE BOLLOCKS*, DE TÍTULO TAN ANGLOSAJÓN...

Y UN BUEN CASO PENDIENTE EN LOS JUZGADOS BRITÁNICOS...

¿ES INDECENTE LA PALABRA "COJONES"?

ME TEMO QUE LA EXHIBICIÓN DE LA PALABRA "COJONES" CONTRAVIENE LA LEY DE PUBLICIDAD INDECENTE DE 1899 Y POR ESO QUEDA USTED DETENIDO.

CON EL ERUDITO LETRADO JOHN MORTIMER ACTUANDO DE ASESOR DE RICHARD BRANSON Y VIRGIN.

SEÑORÍAS, CONSIDERO QUE EL TÉRMINO ANGLOSAJÓN "BOLLOCKS", PRESENTE EN LA MAYORÍA DE DICCIONARIOS, NO ES DE FACTO UNA OBSCENIDAD SINO UN ARCAÍSMO DEL INGLÉS, QUE EN ARGOT SIGNIFICA "TESTÍCULOS" Y "CURA", SI BIEN AQUÍ SE REFIERE SENCILLAMENTE A "TONTERÍAS".

LOS SEX PISTOLS SE LIBRAN DE NUEVAS PERSECUCIONES EN NOMBRE DEL ARTE.

POR MUCHO QUE MIS COLEGAS Y YO DEPLOREMOS CORDIALMENTE LA VULGAR EXPLOTACIÓN, POR SU PARTE Y LA DE SU COMPAÑÍA, DE LOS PEORES INSTINTOS DE LA NATURALEZA HUMANA PARA OBTENER BENEFICIOS COMERCIALES, LES HALLAMOS, A NUESTRO PESAR, NO CULPABLES DE LOS CUATRO CARGOS.

PODEMOS SER AGRADABLES...

JAMIE, NECESITAMOS ESA ILUSTRACIÓN LO ANTES POSIBLE CON ESE CASO JUDICIAL A NUESTRAS ESPALDAS.

... Y TODAVÍA PODEMOS DAR DIVIDENDOS...

SÍ, SID ES UN SEX SYMBOL, ¡PERO MUY RARO!

¡NO SOY MÁNAGER; MÁS BIEN SOY ANTI-MÁNAGER!

¡VAMOS A SACAR DINERO DEL CAOS!

¡ES COMO PINTAR UN CUADRO TOTALMENTE NUEVO!

LA HORA DE LOS FLAUTISTAS DE HAMELÍN DEL PUNK.

...EL DÍA DE NAVIDAD...

...PARA UNIR DE VERAS A LOS QUE ENTENDIERON...

I DON'T WANNA 'OLIDAY IN THE SUN...

A LOS QUE PRONTO SERÁN PISOTEADOS POR ALGO PEOR QUE EL TRABAJO MANUAL Y JIM CALLAGHAM, ALGO MUCHO PEOR...

LA GIRA POR EE.UU. EMPIEZA CON UNA FIANZA DE UN MILLÓN DE DÓLARES Y UN VISADO DE DOS SEMANAS.

5 DE ENERO DE 1978: GREAT SOUTHEAST MUSIC HALL, ATLANTA, GEORGIA.

¿NO SOMOS LO PEOR QUE HABÉIS VISTO EN LA VIDA? AHORA IROS TODOS A LA MIERDA.

AL DIRIGIRNOS A MEMPHIS, HOGAR DE ELVIS PRESLEY, ¿TUVIMOS UN MAL PRESAGIO?

¿QUÉ COÑO HA SIDO ESO?

OJALÁ SE PIRASEN ESTOS TÍOS. QUIERO PILLAR DROGA. ¡TENGO EL JODIDO MONO, JOHN!

GUARDAESPALDAS DE LA WARNER BROTHERS NOS ACOMPAÑARON EN TODO MOMENTO.

¡CREO QUE LE HA CAÍDO UN PUTO RAYO AL AVIÓN!

POR LAS VASTAS
TIERRAS
INTERIORES
DE ESTADOS
UNIDOS.

QUIERO SER COMO
IGGY. NO VOY A
LLEGAR A LOS
TREINTA.

PUTO SID. ESTÁ
PILLADO POR LA
ESTÚPIDA GIRA
DE ESTRELLAS
DE ROCK.
QUE DIOS NOS AYUDE.
¡QUE DIOS AYUDE
A SIDNEY!

LONGHORN BALLROOM,
DALLAS, TEXAS.
10 DE ENERO DE 1978.

LONGHORN
Ballroom

TONITE
SEX PISTOLS

MERLE HAGGARD

LAS COSAS
EMPIEZAN A
ARREGLARSE.

LLAMAS DEL INFIERNO
Y LA IGLESIA BAUTISTA DE
BRIMSTONE; 12 DE ENERO
DE 1978: CAIN'S BALLROOM,
TULSA, OKLAHOMA.

¡OH, SEÑOR!
EN CAIN'S
BALLROOM TENEMOS A
LOS HIJOS DE CAÍN, LOS SEX
PISTOLS, PROPAGANDO SUS
ACTOS VILES POR NUESTRA
AMADA AMÉRICA.

¿HAY EN
NUESTRO INTERIOR
UN JOHNNY ROTTEN
QUE TIENE QUE SER
CRUCIFICADO?

DESPUÉS DE SAN FRANCISCO, JONES Y COOK TOMAN UN AVIÓN A RÍO DE JANEIRO, BRASIL, PERO SIN ROTTEN NI VICIOUS.

SID SUFRIÓ UNA SOBREDOSIS EN HAIGHT ASHBURY, Y ROTTEN ESTÁ MÁS QUE TIESO.

ES UNA LOCURA. NO CONSIGO PASTA DE WARNER BROTHERS, SID ESTÁ EN TRATAMIENTO TRAS SU MALDITA SOBREDOSIS. COOK Y JONES SE HAN PIRADO A RÍO A GRABAR CON RONNIE BIGGS, Y EL INÚTIL CAPULLO DE MCLAREN SIGUE AGITANDO EL AVISPERO. TODO NOS HA LLEVADO A ESTO.

JONES Y COOK SE LARGAN A RÍO DE JANEIRO, AMÉRICA DEL SUR, DONDE PARA EL FAMOSO LADRÓN RONNIE BIGGS TRAS SU INTERVENCIÓN EN EL "GRAN ROBO DEL TREN", HUIDO DE LA POLICÍA BRITÁNICA.

SÍ, VA A SER LA BOMBA, "COSH THE DRIVER", ¿ESA SERÁ LA PRIMERA CANCIÓN?

HOSPITAL DE JAMAICA, NUEVA YORK; ALGUIEN SE ESTÁ RECUPERANDO.

NADIE HA VENIDO A VERME, DIOS. SI SIGO ASÍ, LA PALMO EN SEIS PUTOS MESES.

Luces apagadas
en la HABITACIÓN 100

HOTEL CHELSEA,
MANHATTAN,
NUEVA YORK. 11:00 H.
12 DE OCTUBRE DE 1978.

RECEPCIÓN DEL HOTEL CHELSEA. NO HAY DESCANSO PARA EL PERSONAL.

SÍ, HOLA, HOLA, HOLA... ¿QUÉ? ¿QUE HAY FOLLÓN EN LA HABITACIÓN 100?

ALGUIEN NECESITA AYUDA EN LA HABITACIÓN 100. ¡¡VENGA RÁPIDO!!

HOLA, HOLA, ¿VA TODO BIEN?

100

SILENCIO POR TODA CONTESTACIÓN.

¿QUÉ COJ...?

DIOS MÍO...

EL SILENCIO TAMBIÉN HABLA.

5:30 H. 12 DE OCTUBRE DE 1978. SE LLEVAN DEL CHELSEA EL CUERPO DE NANCY SPUNGEN.

SIENDO COMO ERAS UNA JOVENCITA, ¿QUÉ ES LO QUE TE PASÓ?

HAS HECHO QUE TU MADRE VUELVA A LLORAR.

NO OS CREÁIS EL COTILLEO (HIPODÉRMICO). ASÍ ES EL NEGOCIO EN NYC.

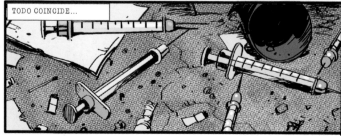

TODO COINCIDE...

DE VUELTA EN ALBIÓN, LA NOTICIA SE EXTIENDE...

¡¿CÓOOMO?! VALE, SÍ, YA VEO...

MIERDA... ¡¡¿NANCY MUERTA?!! ¡¡¿Y SID ARRESTADO?!!

MALCOLM, NECESITAMOS UNA EMPRESA JURÍDICA DE PRIMER ORDEN PARA ESTO. SUGIERO EL BUFETE DE PRYOR, CASHMAN, SHERMAN Y FLYNN.

LA NOTICIA EMPIEZA A RODAR COMO UNA BOLA DE NIEVE.

BIEN. SACAREMOS A SIDNEY CON UNA FIANZA DE 50.000 DÓLARES EN LA VISTA JUDICIAL. PONGÁMONOS EN MARCHA. PODEMOS EDITAR UN ÁLBUM DE CLÁSICOS CON SID, PAUL Y JONES. SÍ, TEMAS CLÁSICOS, COMO "MACK THE KNIFE" Y OTROS.

CORRECCIONAL DE LA ISLA DE RIKERS. OCTUBRE DE 1978.

16 DE OCTUBRE, DOMINGO. LA MADRE DE VICIOUS, ANN BEVERLEY, SACA A SID DE RIKERS.

NO TE PREOCUPES, SIMON. NOS ALOJAREMOS EN EL SEVILLE HOTEL. YO ESTOY ALOJADA ALLÍ.

QUIERO CABALLO, MAMÁ. VAMOS A PILLAR.

CREO QUE NANCY SE SUICIDÓ. ME DIJO QUE MORIRÍA ANTES DE LOS VEINTIUNO.

22 DE OCTUBRE DE 1978: TODAVÍA MÁS SANGRE...

SID SE ESTÁ DESINTOXICANDO, Y LAS COSAS MEJORAN (UN POCO).

¿VALE, MICHELLE? ME SIENTO BIEN, ESTOY LIMPIO. ME HAN ARREGLADO AHÍ DENTRO, ESTOY LISTO PARA UNOS CUANTOS BOLOS Y PARA GRABAR CON STEVE Y PAUL.

AUNQUE CON SID ESO NO IBA A SER POSIBLE...

HURRAH'S DISCO, NUEVA YORK.

10 DE DICIEMBRE, 1978.

NEW YORK POST

Sid Vicious attacks Patti Smith's brother Todd: -

HE'S BACK IN RIKER'S ISLAND

EL MISMO DÍA, SID ESTÁ DE VUELTA EN LA ISLA DE RIKERS, HASTA EL JUICIO DEL 31 DE ENERO DE 1979.

URRRRRRGH OHHHHHH, ¡¡DIOS, QUÉ MIERDA, JODER, AYUDA, QUIERO CABALLO!!

HABLEMOS DE JOHNNY ROTTEN, AHORA JOHN LYDON A SECAS: DE LAS CENIZAS DE LOS SEX PISTOLS SURGIÓ "PUBLIC IMAGE".

ESCUCHA, JOHN. ESTO ES LA OSTIA. EL ESTILO DEL BAJO ES DE DARK MAGUS DE MILES DAVIS Y DEL ESTILO DUB DE LAS PRODUCCIONES DE KING TUBBY.

SÍ, JOHN QUE SUENE PROFUNDO, OSCURO, NADA QUE VER CON EL SONIDO DE LOS PISTOLS.

PUBLIC IMAGE; UNA NUEVA BANDA PUNK DE VANGUARDIA Y DE DUB PESADO.

SERÁ UN SONIDO POTENTE DE VERAS.

SÍ, JODIDAMENTE PESADO, JOHN.

MALCOLM ESTÁ ATADO DE PIES Y MANOS...

SSSheeeesh.
LOS CHICOS, LOS SEX PISTOLS, FUERON CREACIÓN MÍA, TODO IBA DE CAOS Y DE SACAR PASTA CON EL CAOS. SSSheeeesh.

Y BRANSON INTENTA AMORDAZARLO...

ESE ESTÚPIDO GILIPOLLAS DE RICHARD BRANSON ME HA ENVIADO ESTO; ME PIDE QUE DESISTA EN EL FUTURO DE CUALQUIER APROXIMACIÓN AL NEGOCIO DE LA MÚSICA.

¿ESTÁ CHALADO ESE CAPULLO? ¿SE SUPONE QUE TENGO QUE IR A NUEVA YORK, SACAR A SID BAJO FIANZA E IR A MIAMI Y HACER LA GRABACIÓN?

Y LOS APODERADOS ESTÁN AL ACECHO...

¡Y AHORA TENGO AL JODIDO ROTTEN SUBIDO A LA CHEPA CON UN JUICIO INMINENTE! ¡¡¡MIERDA!!!

DE NUEVO EN LIBERTAD, SID ESTÁ
OTRA VEZ EN LA CALLE Y CON GANAS
DE JACO.

VOLVAMOS
AL APARTAMENTO
EN EL PUEBLO.

NO PASA MUCHO HASTA QUE
CONSIGUE LO QUE QUIERE.

NO ME PARECE MUY
FUERTE, TRONCO. ¿QUÉ
TAL UN POCO MÁS?

DURANTE UN BREVÍSIMO MOMENTO LA HEROÍNA
EN NUEVA YORK ES MUCHO MÁS PURA.

SID CONSIGUIÓ
MÁS DURANTE LA FIESTA
DE BIENVENIDA. UN CAMELLO SE DEJÓ
CAER POR CASA CON CABALLO
MUY FUERTE, CASI PURO.

DEMASIADO PURA PARA
EL RECIÉN PURIFICADO.

CÁMARA RÁPIDA HASTA EL PRESENTE: SU PRESENTE, Y ¿TAL VEZ EL TUYO?

GØD SAV THE SEX PISTØLS

¡COÑO! NO PARECE TANTO TIEMPO. ¿DE VERAS HAN PASADO TREINTA JODIDOS AÑOS?

EL ETERNO PRESENTE...

NO HAY DUDA DE QUE LOS ACOJONAMOS. ¡DURANTE UN CANDENTE MINUTO DEJAMOS AL REINO UNIDO CON EL CULO AL AIRE! LA REALEZA, EL M15, POR TODAS PARTES ESCÁNDALO PÚBLICO. FUE DELICIOSO ESTAR EN EL OJO DEL HURACÁN.

...SIEMPRE ES PRESENTE, EN ALGÚN LUGAR.

DIMOS TANTO MIEDO AL PÚBLICO Y A LOS SELLOS DISCOGRÁFICOS QUE, CUANDO "GOD SAVE THE QUEEN" LLEGÓ AL NÚMERO UNO EN LAS LISTAS DE ÉXITOS, DEJARON UN ESPACIO EN BLANCO: NUNCA ANTES NI DESPUÉS HA OCURRIDO ALGO ASÍ.

DEBEMOS DE HABER ATERRORIZADO A ESOS HIJOS DE PUTA DE EMI Y A&M, ESOS MAMONES ADULADORES Y COBARDES. LAS PUTAS DISCOGRÁFICAS NO SON MÁS QUE CENTROS DE DISTRIBUCIÓN. NADA SE PUEDE ESPERAR DE ELLAS, EXCEPTO PASTA.

OS DIJIMOS: "LA ENSOÑACIÓN DE INGLATERRA NO TIENE FUTURO". PERO NO ESCUCHASTEIS, ¿VERDAD?

AHORA OS ESTÁN VOLVIENDO A JODER PERFECTÍSIMAMENTE, DESPUÉS DE QUE OS JODIERAN THATCHER Y **SUS** CABRONES DURANTE CASI VEINTE AÑOS. AHORA TENÉIS A OTRO CONSERVADOR DISFRAZADO Y CHUPÁNDOOS LA SANGRE.

GILIPOLLAS RIDÍCULOS, Y ¡OS LO SEGUÍS CREYENDO! LO HAN VENDIDO TODO, NO QUEDAN FÁBRICAS, NADA. ¡OS HAN TRAICIONADO, CABRONES!

AHORA INGLATERRA NO ES MÁS QUE UN PUTO PARQUE TEMÁTICO. HASTA LOS LLAMADOS PUNKS SON DE POSTAL, ¡HUH! ¡¡ESOS CAPULLOS SON UNA AMENAZA PARA EL SISTEMA!!

TODO EL MUNDO SE APUNTÓ AL PUNK. PERO NOSOTROS FUIMOS LOS ÚNICOS QUE SABÍAMOS. JODER, EL RESTO FUERON FOTOCOPIAS. SOLO LAS IMITACIONES SOBREVIVEN.

EXPRES

VOSOTROS, LA LLAMADA CLASE TRABAJADORA, OS HAN COMPRADO CON TARJETAS DE CRÉDITO, HORNOS MICROONDAS, IMANES PARA NEVERAS, Y VOSOTROS, LOS DEL ESTE DE LONDRES, CAPULLOS PATÉTICOS CON LA VISTA PUESTA EN EL MÁS ÍNFIMO DE LOS DENOMINADORES COMUNES. TODAVÍA LE BESÁIS EL CULO A LA MONARQUÍA COMO SI SE ACABASE EL MUNDO. ¡Y CLARO QUE SE HA ACABADO! ¡¡PERO TAMBIÉN ESO OS ENFADA Y CON RAZÓN!!

OS LO DIJIMOS, PERO NO ESCUCHASTEIS. OS IMPORTA UNA MIERDA. PUES ¡¡QUE OS JODAN!!

BLOC DE DIBUJOS

De bocetos bienintencionados y fallos del sistema

Llegados a este punto del libro, el artista se reserva unas pocas páginas para sí mismo: quiere justificar algunas decisiones y presumir de unos pocos bocetos mágicos.

Por desgracia, en noviembre del año pasado mi viejo Mac sufrió un fallo total de sistema y perdí varios cientos de archivos, incluidas cuatro páginas de este libro y todos los dibujos preliminares.

Por eso he recreado de memoria unos pocos bocetos bienintencionados –solo para esta página– con la esperanza de que los lectores comprensivos adquieran conciencia de los peligros del arte digital y decidan no seguir dicho camino.

Kings Road

Lo básico

Para un artista, ilustrar una novela gráfica
es el equivalente artístico a escalar el Everest.

Si añadimos los rostros a la mezcla, la tarea
semeja escalar el Everest sin oxígeno o sin
cuerdas. En muy corto espacio de
tiempo, mi carpeta de referencias

creció hasta varios cientos de archivos: de todo,
desde la fachada de la Escuela de Arte de Saint
Martin hasta un tazón de Bill Grundy, y de los
cuales no había material disponible.

Y por si los personajes principales no
resultasen lo bastante exigentes, había
un elenco de miles de secundarios...

Las múltiples caras de John Lydon

John Lydon tiene uno de esos rostros que resulta distinto cada vez que lo miras.

A veces parece fresco y joven, incluso sano, y otras, estragado...

Una buena estructura ósea y una personalidad interesante hicieron que lo pasase bien dibujándolo. Lo más difícil fue dar con la intensidad de sus expresiones faciales.

Retrato posterior de tres cuartos... el equivalente artístico a saltar por un aro...

Cómo tener a Sid por el mango

Él solía leer la revista *Mad*.
Yo solía dibujar la revista *Mad*.

Su verdadero nombre era John.
Mi segundo nombre es John.

En la escuela me llamaban Sid.

Aquí terminan las similitudes.

Cuando pasas mucho tiempo dibujando
a alguien, empiezas a creer que realmente
lo conoces.

Desarrollas sentimientos tangibles hacia ellos.

Sid tenía algo atrayente, pero nunca supe
el qué.

Espero que, dondequiera que esté, le gusten
mis dibujos. Creo que le gustaría saber que
está en un cómic.

Cuestiones técnicas

Para los que tengáis predilección por los aspectos técnicos,
todo el libro se "dibujó" en Corel Painter 8, en un antiguo
iMac G3 con el programa Mac OSX versión 10.3. Se emplearon
herramientas pluma del mismo programa para el entintado. El
texto se introdujo mediante una tableta gráfica Wacom Intuos 3.

A continuación, el material gráfico en blanco y negro se formateó
en archivos de Photoshop para proceder a su coloreado.

Las novelas del rock

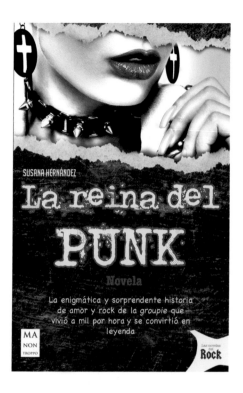

La reina del punk de Susana Hernández

¿Qué ocurrió realmente entre el rockero punk y la musa de los Sex Pistols?
La enigmática y sorprendente historia de amor y rock de la *groupie* que vivió a mil por hora y se convirtió en leyenda

En el trasfondo musical de finales de los setenta, el punk empieza a reinar en las salas más alternativas y Nancy Spungen está dispuesta a todo para no perderse este momento y para hacer efectivo aquello de «vive rápido, muere joven y deja un bonito cadáver».

Una periodista musical decide investigar la vida y la muerte de Nancy Spungen, la compañera de Sid Vicious, muerta en extrañas circunstancias en el Hotel Chelsea. Su investigación, y el conocimiento que traba de los pormenores de la vida de quien fue la compañera de uno de los iconos del punk, discurre en paralelo a hechos de su propia vida. Esta novela es el relato íntimo de una joven que llegó a convertirse en la musa del famoso grupo punk, Sex Pistols. Un libro apasionante que describe el auge y caída de un mito del universo punk.

Vintage de Grégoire Hervier

Un *road thriller* en busca de la mítica guitarra Moderne de Gibson.
Una novela fascinante sobre guitarras míticas, artistas legendarios y lugares emblemáticos del rock y el blues

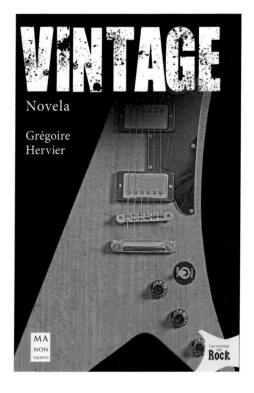

Un joven músico en busca de la mítica Moderne de Gibson -Santo Grial de las guitarras vintage- descubre el pasado misterioso de uno de los pioneros malditos del rock'n'roll...

Thomas Dupré, guitarrista y periodista freelance, se ve inmerso en una palpitante investigación que le llevará a un curioso viaje alrededor del mundo en busca de una fabulosa guitarra de los años cincuenta.

De las calles de París a las orillas del lago Ness, de Sídney a la ruta del blues, un *road trip* palpitante y lleno de humor que, a través de asesinatos y persecuciones, se remonta a los orígenes culturales, artísticos y técnicos del rock.

Las magníficas ilustraciones de Brian Williamson y el brillante guion de Jim McCarthy capturan toda la esencia y todos los sinsabores de la banda de trash metal más exitosa.

La historia completa de Ramones contada al estilo gráico de Jim McCarthy y Brian Williamson. Desde sus comienzos en Queens y su irrupción en el escenario del mítico club CBGB hasta su disolución.

Esta novela gráfica capta perfectamente el peligroso espíritu de Axl Rose, la primera y memorable formación de Guns N'Roses y los numerosos cambios en el grupo a lo largo de tres décadas.

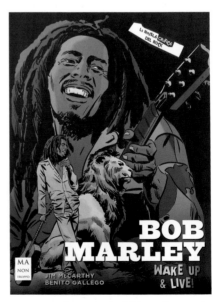

La extraordinaria vida del legendario músico jamaicano Bob Marley está plasmada en esta fabulosa novela gráfica de Jim McCarthy y Benito Gallego.